Entretiens D'Embauche

Le Livre Que Les Recruteurs Ne Veulent Pas Voir Entre Vos Mains

Marc Tautman

MARC TAUTMAN

Copyright © 2012 Marc Tautman

Tous droits réservés.

TABLE DES MATIÈRES

Décrocher une entrevue est déjà un grand pas en avant	1
Se préparer mentalement	2
Aborder l'entretien	5
Aborder la discussion	7
Passer un test	13
Comment négocier	14
Tirez des leçons de chaque expérience	16

DÉCROCHER UNE ENTREVUE EST DÉJÀ UN GRAND PAS EN AVANT

Imaginez une offre d'emploi : des milliers de candidats ont envoyé leurs curriculum vitae, leurs lettres de motivation. Et vous aussi, vous avez postulé.

Mais parmi ces milliers de personnes, il y en a seulement au maximum une cinquantaine qui ont obtenu une entrevue, et vous en faites partie.

Aucun recruteur ne va dépenser son temps à vous demander une entrevue si vous n'avez pas un profil qui l'intéresse. Sachez que si vous décrochez une entrevue, vos chances d'obtenir le poste sont plus que favorables.

Ce livre vous aide en quelque sorte à « transformer l'essai ». A franchir cette étape finale pour une embauche définitive. Rassurez-vous, on peut dire que le plus dur est fait et il suffit juste pour la suite de confirmer que vous êtes celui qu'il faut.

Cependant, l'entretien d'embauche n'est pas à prendre à la légère. Vous ne devez pas la rater, vous devez donner une bonne impression et renforcer l'intérêt qu'on vous porte. Mais en même temps, ne vous mettez pas la pression. Vous n'aurez pas des difficultés particulières ou énormes à surmonter, il vous faut juste suivre quelques règles !

Bonne lecture,

L'auteur

SE PRÉPARER MENTALEMENT

Je me souviens de la veille de mon premier entretien d'embauche : j'étais tellement stressé et anxieux que je n'ai pas dormi de la nuit ! J'envisageais tous les cas possibles, toutes les questions qu'on pourrait me poser. Je me voyais me « planter », dire une bêtise, ou rester muet face à une question !

Heureusement, les choses se sont beaucoup améliorées au fil du temps. J'ai passé beaucoup d'entretiens, j'ai occupé un certain nombre de postes et de fonctions. Et j'ai fini par ne plus redouter les entretiens d'embauche.

Si vous redoutez un entretien, si y penser vous stresse énormément, il existe une technique qui vous permet de garder vos idées claires et de ne pas vous torturer inutilement : c'est la relaxation.

L'importance de la préparation mentale

Personne n'a envie de recruter quelqu'un qui a les yeux rouges ou qui s'écroule de fatigue à cause d'une nuit blanche. Trop de stress et d'anxiété risque aussi de vous faire perdre vos moyens, surtout devant un interlocuteur intimidant.

J'ai vu dans ma carrière beaucoup de candidats qui perdaient la voix, ou qui montraient des signes extrêmes de nervosité. Il y en avait qui se comportaient comme si l'entretien était une séance de torture ! Et le plus regrettable : c'est qu'il y avait sûrement des compétences et du potentiel parmi ces candidats.

Mais ils n'ont pas pu démontrer cela parce qu'ils se sont laissés submerger par leurs émotions.

Premièrement donc, ne vous mettez pas la pression. Ce n'est qu'un entretien, rien d'autre. Ce n'est pas la fin du monde si vous n'êtes pas reçu. D'ailleurs, cela ne veut pas essentiellement dire qu'il y a des lacunes en vous. Et puis, si vous obtenez un entretien après un envoi de dossier, c'est généralement bon signe.

La relaxation : comment éviter de stresser

La relaxation vous permet d'évacuer le stress, de vous détendre « intérieurement ». Je vais vous donner ici un simple exercice que vous pouvez faire la veille, ou le jour même de l'entretien (avant de vous y rendre), si vous sentez la nervosité et le stress vous gagner.

Si possible, isolez-vous dans un endroit calme et silencieux (si ce n'est pas possible, vous pouvez toujours faire l'exercice, mais vous devriez peut-être la répéter un certain nombre de fois jusqu'à obtenir des résultats).

Bien sûr, avec de l'expérience, vous pouvez pratiquer n'importe où : dans une salle d'attente, dans un train ou en voiture (si vous n'êtes pas en train de conduire, bien sûr).

Prenez une position qui vous met à l'aise : allongez-vous sur un lit par exemple, ou encore asseyez-vous sur un fauteuil, ou une chaise confortable. Détendez les bras et jambes et ne les croisez pas. Bref, adoptez une posture confortable.

Détendez tous vos muscles. Le corps ne doit ressentir aucune tension. Relâchez-vous complètement. Fermez les yeux pour bien ressentir la sensation de relâchement, de détente, dans tout votre corps.

Il est préférable de porter des vêtements qui vous mettent à l'aise. Mais si vous portez déjà la tenue pour aller à l'entretien et que cela vous serre un peu, ce n'est pas grave. Faites l'exercice quand même.

Commencez maintenant par un exercice de respiration profonde : ralentissez votre respiration et allez au bout de chaque inspiration et expiration. Concentrez-vous sur votre respiration. A chaque inspiration, gonflez vos poumons à bloc. Retenez votre souffle pour une seconde, puis expirez lentement en vidant complètement vos poumons.

Répétez cette phase inspiration/expiration autant de fois qu'il faut jusqu'à ce que vous sentiez une sensation de calme vous envahir. Il se peut que vous perdiez fréquemment votre concentration en cours de l'exercice et que vous vous mettiez à penser à autre chose. Ce n'est pas grave, redirigez votre concentration sur votre respiration et continuez.

Ressentez l'agréable sensation de calme et de détente vous envahir peu à peu pendant cet exercice de relaxation. Il se peut que vous n'arriviez pas à ce résultat du premier coup, mais persévérez. Plus vous faites l'exercice, plus vous adopterez progressivement les dispositions pour obtenir rapidement des résultats.

Vous pouvez aussi répéter – mentalement ou à voix haute – pendant votre séance de relaxation des ordres verbaux (qu'on appelle des suggestions) comme « je suis calme », « je suis détendu », « calme – détente ». Les suggestions sont très puissantes pour atteindre l'état désiré.

Comme toute chose, c'est avec l'assiduité et la régularité dans la pratique que vous pouvez devenir un « pro » de la relaxation. Mais les bienfaits que vous allez en tirer sont tout simplement incroyables : entre autres moins de stress, un calme à tout épreuve, une bien meilleure santé, et les idées claires.

Avoir le trac est normal

Même après avoir passé des centaines d'entretien, on peut toujours avoir le trac avant d'en aborder un. Ce n'est pas grave et c'est même tout à fait normal. Donc, ne prenez pas le fait d'avoir le trac comme un drame.

L'important, c'est que vous arriviez à contrôler le trac et à délivrer une bonne performance pendant l'entretien. Vous n'avez pas à combattre le trac ou à le faire sortir complètement de votre existence. Acceptez sa présence mais ne le laissez pas vous mettre des bâtons dans les roues.

ABORDER L'ENTRETIEN

Comment s'habiller

Le costume-cravate simple et sobre fait l'affaire si vous êtes un homme. Pour les femmes, le code vestimentaire de même ordre s'impose : « simple mais élégant et classe ».

Notez toutefois que vous allez à un entretien d'embauche, pas à une soirée. Donc ne faites pas dans l'élégance extrême, qui risque d'étonner le recruteur, et de vous voir d'un œil méfiant. Une fois encore, la simplicité dans la tenue vestimentaire est de mise.

Bien sûr, bannissez aussi le style « relâché », ou du genre « artiste » (genre jean ou basket). On risque de vous mal juger. Ne cherchez rien d'original dans votre style vestimentaire.

Comment se tenir lors de l'entretien : la posture du corps

Généralement, les chaises sur lesquelles vous êtes assis lors d'un entretien sont assez peu confortables. Ne vous en faites pas et n'y accordez pas de l'attention. D'ailleurs vous n'allez pas y rester des heures.

Cela ne doit pas vous empêcher de vous mettre à l'aise. Tenez-vous bien droit le dos appuyé sur la chaise. Détendez-vous. Détendez vos bras, vos jambes. Cherchez la bonne position qui vous met bien à l'aise pour parler et discuter.

Si votre position est inconfortable, vous allez être gêné lors de la discussion. Ce qui risque fort de vous désavantager.

Evitez de vous courber, ou de vous pencher trop en avant. Déplacez la chaise et rapprochez-la si vous jugez que vous risquez de ne pas bien entendre votre interlocuteur.

Souriez !

Si vous êtes timide, ou que votre interlocuteur vous intimide, le sourire est un moyen efficace pour « briser la glace ». Accompagnez votre entrée, vos salutations et votre présentation d'un sourire. Cela a un bon effet sur vous comme sur votre interlocuteur.

Sourire ne vous empêche pas après de prendre un air sérieux quand votre interlocuteur entame la discussion.

ABORDER LA DISCUSSION

Regardez votre interlocuteur dans les yeux

Attention, il ne s'agit pas de faire un regard fixe et insistant comme si vous voyez la personne en face comme étant une bête curieuse. L'important c'est de ne pas fuir son regard, de le supporter.

Généralement les personnes très timides n'osent pas regarder les autres dans les yeux. Cela ne donne pas bonne impression et elles souffrent souvent du fait que les autres profitent de leur manque d'assurance. Même si vous êtes vraiment très timide, abstenez-vous de fuir le regard de l'interlocuteur. Exercez-vous, il n'y a aucune raison que vous n'y arriviez pas.

Comment aborder la discussion

L'objectif du recruteur lors de l'entretien est en quelque sorte de « confirmer » son impression que vous avez le profil qu'il faut pour le poste. Il veut être absolument sûr que vous « n'en avez pas rajouté » dans votre dossier de candidature. Et enfin, il veut être certain que vous êtes la personne qui peut lui convenir, en dehors de vos compétences et expériences.

Quelquefois pour un recruteur, un candidat ayant juste les qualifications ou l'expérience nécessaire ne suffit pas. Beaucoup recherchent la personne qu'ils jugent être « compatible » avec eux, avec l'entreprise, ou avec le travail.

Certains critères sont donc subjectifs : certains peuvent chercher une forte personnalité en plus des compétences requises, d'autres peuvent chercher un fort charisme, etc.

Bien sûr, n'allez pas vous casser la tête à vouloir connaître dans les moindres détails ce que veut le recruteur. Et le plus important : n'allez pas prétendre être ce que vous n'êtes pas. Bien sûr, vous désirez fortement avoir le poste. Mais mentir aux autres et à vous-même ne peut que vous mener au désastre.

Contentez-vous juste de répondre aux questions et n'en rajoutez pas

N'allez pas vous lancer dans des réponses à rallonge à chaque question qu'on vous pose, mais assurez-vous quand même que vos réponses soient satisfaisantes tout en restant les plus brèves possibles. Si vous ne répondez aux questions qu'à moitié ou même pas du tout, c'est très mauvais.

Ne vous étendez sur ce que vous dites que lorsque votre interlocuteur vous pose des questions du genre : « pouvez-vous me parler plus longuement de cela ? », « pouvez-vous me raconter cela plus en détails ? », etc. Dans ces cas, un fait a piqué sa curiosité sur vous et généralement c'est bon signe.

Mais même si votre interlocuteur vous invite à parler plus longuement, soyez toujours conscient qu'il n'a pas des heures à vous consacrer et évitez toujours de rallonger inutilement.

Le fait que vous cherchez à ne pas parler plus longtemps que nécessaire montre aussi à votre interlocuteur que vous respectez son temps. Vous ne risquez pas non plus de le lasser ou de l'ennuyer dans la discussion.

Mettez-vous en valeur

Pour les entretiens d'embauche, mettez votre modestie au placard. Bien sûr, il ne s'agit pas non plus de verser dans l'excès, la vantardise ou d'exagérer sur vos capacités, sur vos compétences ou sur vos accomplissements.

Tout simplement, n'hésitez pas à parler de vos points forts et à les démontrer. D'ailleurs, c'est ce que le recruteur attend de vous. Exposez vos atouts, ainsi que les arguments qui font que vous êtes la personne qui convient au poste.

Montrez que vous avez confiance en vous

Encore une fois, les personnes très timides ont souvent du mal à parler de leurs points forts. Elles peuvent parler de façon tellement timorée que même le recruteur finit par avoir un gros doute sur leurs capacités.

Bannissez donc les mots qui n'expriment pas la certitude, du genre : « j'ai peur que … », « je ne suis pas sûr que … », « je doute que … », « je ne suis pas complètement … », « pas tout à fait », « il se peut que … », etc. Adoptez à la place un langage ferme et clair.

Même si vous êtes un grand timide, vous avez besoin de montrer que vous avez confiance en vous, en vos capacités. Vous devez montrer que vous avez ce qu'il faut pour le travail. Ne faites pas douter le recruteur, sinon, le job est perdu à tout jamais.

Ne vous mettez jamais en position de demandeur

OK, vous avez besoin d'un job. Vous avez besoin d'un revenu pour vivre. Mais n'oubliez pas que si on vous recrute, c'est qu'on a aussi besoin de vous et de vos compétences, et jamais parce qu'on se soucie de votre compte en banque.

Montrez de l'assurance. Distillez subtilement pendant l'entretien que ce n'est pas vous, mais le recruteur qui perd une opportunité s'il ne vous engage pas. Bien sûr, vous n'allez pas dire cela texto, mais essayez de faire passer ce message subtilement, discrètement.

Les phrases à éviter impérativement sont donc du genre : « j'ai vraiment besoin de ce travail », « je vous en prie », « je suis dans une situation désespérée », « je suis prêt à étudier n'importe quelle proposition », etc. Ayez même un peu l'air « je m'en fiche si vous ne m'engagez pas, je trouverai toujours quelque chose ailleurs », mais là aussi, pas d'exagération ! N'allez pas défier votre interlocuteur !

Ne ripostez pas aux critiques

Si le recruteur fait quelques remarques ou critiques sur vous, sur votre parcours, ou sur vos expériences et compétences, contentez-vous tout simplement d'accepter. Ne ripostez pas, ne cherchez pas des excuses et ne vous justifiez pas.

Ne vous plaignez pas, ne dites pas des choses du genre : « c'est parce que mon ancien employeur ne m'a jamais donné une chance ». Ne critiquez personne. Au contraire, si l'interlocuteur insiste vraiment sur le point, vous pouvez dire quelque chose du genre : « C'est vrai que j'aurais dû chercher plus d'opportunités qui m'auraient permis de pallier à ce manque. Mais corriger ce problème fait maintenant partie de mes priorités ».

Ce genre de réponse montre à votre interlocuteur que vous êtes une personne qui est à la fois honnête et responsable. Ce sont là 2 qualités que les employeurs recherchent plus que les compétences et l'intelligence. Et ne croyez pas que votre interlocuteur recherche un candidat impeccable, sans aucun défaut (si c'est le cas, il risque de chercher longtemps, sans jamais trouver !).

Si, par exemple, on vous dit « Je vois que vous avez un diplôme en études commerciales, mais votre expérience dans le domaine me semble insuffisante ». Alors vous pouvez répondre comme suit : « Merci de votre remarque, c'est pourquoi je suis très motivé d'accroître mon expérience ».

Dans cette réponse, vous acceptez le fait, et mieux encore : vous le transformez en avantage ! Après, le recruteur peut avoir encore plus envie de vous engager puisque votre grande motivation peut vraiment pallier à votre manque d'expérience.

Evitez à tout prix de contredire votre interlocuteur. D'ailleurs lui seul sait ce qui convient à sa compagnie. Certains recruteurs essaient aussi de déstabiliser un peu les candidats pour pouvoir marchander plus tard, ou tout simplement pour voir comment ils réagissent. Ne réagissez pas comme le recruteur s'attend à ce que vous réagissez.

Montrez votre passion pour le métier

On apprécie plus les personnes qui se passionnent pour ce qu'elles font que les personnes qui font juste « cela » pour un salaire. Les personnes passionnées travaillent plus et mieux, elles sont curieuses, apprennent toujours et améliorent sans cesse leur efficacité.

La petite faiblesse des personnes passionnées, c'est qu'elles ont souvent tendance à accepter des situations et des conditions de travail qui les désavantagent. Le désir d'exercer leur passion les pousse à négliger - ou à passer rapidement sur - les négociations et les accords.

C'est très bon pour vous si le recruteur voit que vous êtes un passionné du métier. Un moyen de montrer cela aussi est de dire vous pratiquez le domaine même en dehors du travail.

Par exemple : vous postulez pour un poste de commercial. Vous pouvez alors dire que même pendant vos temps libres, vous aidez des amis à vendre leurs voitures d'occasion, ou les objets dont ils ne se servent plus.

Bien sûr, dites toujours la vérité et n'allez pas inventer des histoires. Si vous mentez, cela risque de « se sentir » et plus tard vous risquez de vous contredire, de ne plus être cohérent.

Si vous connaissez la société qui recrute, c'est encore mieux

Montrer au recruteur que vous connaissez sa société ou mieux : que vous connaissez ses problèmes et performances actuels, fait largement pencher la balance en votre faveur.

Bien sûr, cela pourrait ne pas toujours être possible. Mais si un moyen pour connaître ces informations se présente, profitez-en. Généralement, connaître quelqu'un qui travaille déjà au sein de la compagnie peut aider pour cela, ou aussi la presse, les magazines, …

Vous n'allez pas évidemment faire un exposé au recruteur sur ce que vous savez sur son entreprise. Mais vous pouvez « insérer » ici et là dans la discussion quelques bribes qui montrent que vous connaissez la situation de la société.

Par exemple : « J'ai entendu dire que vos ventes sur le produit X stagnent actuellement. J'aimerais étudier ce problème, mais la décision vous appartient toujours, bien entendu. »

Dans l'exemple ci-dessus, non seulement vous montrez que vous êtes au courant du problème, mais aussi que vous vous y intéressez de près. Bien sûr, n'allez pas prendre les décisions à la place du décideur, mais vous pouvez exprimer vos souhaits.

Prenons un second exemple, qui est beaucoup plus, disons « générique » : « J'ai toujours voulu travailler ici, à … (le nom de la société). Je suivais vos activités depuis longtemps. J'avoue que vos résultats sont impressionnants. »

Là, vous n'avez pas à connaître les détails comme les problèmes au sein de la société. Vous êtes comme une sorte de « fan », quelqu'un qui porte un intérêt à l'entreprise. Vous donnez encore plus envie au recruteur de vous avoir et vous améliorez vos chances.

Encore une fois, évitez de mentir ou en quelque sorte de « déformer » la vérité. Vous ne serez pas crédible. Mais vous pouvez vous informez autant que possible sur la société qui recrute avant un entretien, ou même avant d'envoyer un dossier.

Rire, faire de l'humour ou rester toujours sérieux ?

Un entretien d'embauche est quelque chose de très sérieux et ne montrez pas l'air de prendre cela à la légère. Par contre, si votre interlocuteur fait de l'humour ou une réflexion drôle, riez avec lui. Bien sûr, n'exagérez pas, reprenez votre sérieux quand il fait de même.

Le recruteur peut aussi chercher à voir si vous êtes quelqu'un qui sait profiter d'une atmosphère détendue. Vous savez, cela peut être fatiguant – à la longue – de côtoyer quelqu'un qui se prend tout le temps au sérieux !

Bref, suivez votre interlocuteur. Mettez-vous dans la même humeur que lui.

PASSER UN TEST

Beaucoup de recruteurs font maintenant passer un ou plusieurs tests aux candidats, toujours dans le but de juger leurs aptitudes, ou encore de cerner par exemple leur personnalité.

Les tests leurs permettent d'avoir une idée précise sur les valeurs d'un candidat, en se basant sur leurs critères. Cela aide le recruteur à bien cerner le candidat sur les spécificités d'un poste.

Là encore, vous n'avez absolument aucune raison de redouter un test. Si vous avez les compétences qu'il faut, il n'y a aucune raison que vous échouez à un test. Le plus important, c'est de toujours éviter que le stress, la peur et la nervosité vous gagne (la relaxation est toujours là pour vous aider).

Ce que le recruteur cherche avec les tests, c'est de se faire sa propre idée sur vous. Donc, n'essayez pas de le leurrer ou de manipuler les résultats de façon à vous faire paraître comme quelqu'un que vous n'êtes pas, même si pouvez le faire.

Un candidat peut toujours être embauché même s'il n'a pas eu 100% de bonnes réponses à un test. Rappelez-vous que le recruteur ne cherche pas la personne parfaite. Il cherche juste la personne qui convient au poste et à l'entreprise.

Evitez de montrer que vous êtes réticent ou que vous avez peur de passer un test. N'essayez pas de vous « défiler ». Montrez que vous prenez cela comme quelque chose de tout à fait naturelle et ne faites aucune objection. Montrez de l'assurance. Votre confiance en vous augmente toujours vos chances auprès du recruteur.

COMMENT NÉGOCIER

Si lors de l'entretien vous arrivez à aborder les négociations sur le salaire, les avantages et les conditions de travail, on peut dire que vous êtes déjà embauché à 90%. Mais ce n'est pas encore le moment de vous reposer et d'aller fêter cela.

Rappelez-vous toujours que l'employeur ne se soucie pas trop que vous ayez un revenu qui vous permet de vivre confortablement ou à quelle heure votre époux(se) s'attend à ce que vous rentriez le soir. Mais lui seul aussi sait à ce moment-là ce que la compagnie peut se permettre vis-à-vis de ses employés.

C'est pourquoi vous ne devez jamais vous mettre en position de demandeur parce que l'employeur peut ainsi en profiter pour vous payer moins qu'il peut réellement vous payer, ou vous faire travailler plus que nécessaire. Bref, faire largement pencher la balance à sa faveur et de ce fait, à votre désavantage.

Par contre, s'il vous juge comme étant une opportunité à saisir, la balance penchera de manière équitable pour les 2 parties. Cela veut dire un salaire convenable, des avantages et des conditions que l'employeur fera en sorte d'être attractifs pour vous. Il veut vous avoir et vous garder le plus longtemps possible, même s'il peut ne pas le montrer clairement.

Donc, n'acceptez pas ce que vous ne voulez vraiment pas accepter. Ne faites pas de compromis que vous ne jugez pas équitable. Mais restez flexible, mettez-y du vôtre pour trouver un terrain d'entente dans la négociation.

Oui, bien sûr, vous pouvez avoir été au chômage pendant des mois et vous avez désespérément besoin d'un emploi que vous êtes prêt à accepter n'importe quelle proposition. Mais tenez bon, surtout ne montrez jamais cela.

Vous aurez peut-être le sentiment désagréable de jouer un coup de poker alors que vous avez un accord à portée de main. Mais résistez à la tentation d'accepter tout de suite une offre sans l'avoir jugée comme vraiment équitable pour vous. Epluchez les conditions une à une, soulevez une objection à chaque fois que vous vous sentez lésé.

TIREZ DES LEÇONS DE CHAQUE EXPÉRIENCE

En appliquant les conseils de ce livre, vous augmentez déjà considérablement vos chances de décrocher un emploi à chaque entretien d'embauche. Mais vous devez aussi faire une chose : tirer des leçons de chaque entretien, que vous avez réussi ou pas.

Après un entretien, voyez toujours ce que vous avez bien fait, et ce que vous avez pu faire mieux. Réfléchissez à comment vous pouvez corriger le tir pour la prochaine fois. Et comment aussi améliorer ce que vous faites déjà très bien.

Il y a un dicton qui dit que « on apprend bien plus de ses échecs que de ses réussites ». Et c'est vrai. Bien sûr, vous n'allez pas vous mettre volontairement au chômage pour multiplier les entretiens d'embauche à faire, mais profitez bien de chaque occasion.

Pour finir, je vous conseille vivement de toujours améliorer votre communication avec les autres. Il y a plusieurs moyens pour cela : par exemple, apprendre à parler en public, ou une formation en leadership. Les entretiens d'embauche ne sont justes que de la communication entre 2 parties.

A votre succès,

L'auteur,

Marc Tautman

Ce livre vous a plu ? trouvez d'autres livres intéressants sur
la page Facebook :
Facebook.com/deslivrespourvous

www.ingramcontent.com/pod-product-compliance
Lightning Source LLC
Chambersburg PA
CBHW021001180526
45163CB00006B/2461